TRAITÉ

DE LA NATVRE, QVALITEZ & Vertus,

DE LA

FONTAINE

depuis peu découverte, au Terroir de la Ville de Die, au lieu des Penes.

COMPOSÉ

Par THEOPHILE TERRISSE,

Docteur en Medecine, & Profeſſeur de Philoſophie en l'Acdemie de la Ville de Die l'an 1672.

A DIE

Chez I. FIQVEL, Imprimeur de l'Acad.

M. DC. LXXII.

TRAITÉ

DE LA NATVRE, VERTVS
& Qualitez,

DE LA

FONTAINE

depuis peu découverte, au Terroit de la
Ville de Die, au lieu de Penes.

A meilleure Medecine, & la plus sai-
ne Philosophie, nous enseignent, que
les Fontaines perpetuelles & peren-
nelles, ont leur origine de la Mer, &
en viennent par des canaux soûter-
rains, dans lesquels elles perdēt la saleure qu'elles ont dans la Mer, & acquierent des nouvel-
les qualitez, qui leur sont communiquées par
les corps qui se rencontrent dans lesd. canaux.
1. Que de ces Fontaines les unes sont Mineráles, & les autres ne le font pas, veu que les unes
avant que paroître à nos ïeux sur la terre, ren-

A 2   contrent

contrent des Mines, & les autres n'en rencontrent point.

3. Que des Minerales, les unes font Metalliques,& les autres non : Dautant que les unes
paffent par les Mines des Metaux, & les autres
par les feules Mines des demi Mineraux.

4. Que les unes & les autres reçoivent dans
les Mines, les qualitez & vertus des Mineraux
avec lefquels elles fe mélent, & dans les Mines
defquels elles feiournent.

5. Que de la vient, qu'on ne peut mieux reconnoitre la Mine de laquelle elles fortent &
participent,que par les effets qu'elles produifét,
en ceux qui s'en fervent.

6. Qu'à ces fins il faut pour ne fe méprendre
en fon Iugement, bien reconnoitre les opera-
tions des Eaux defquelles on recheche la Mine,
& deuë collation faite avec les opérations des
Metaux & autres Mineraux conclure, qu'elles
tiennent d'un tel,ou telMetal,ouMineral.

On ne doit neantmoins méprifer les autres
voyes defquelles on fe fert d'ordinaire pour la
preuve des Eaux Minerales : Car quoy qu'elles
ne font infaillibles, elles fervent à affermir
le raifonnement des effets à la caufe.

On doit donc reconnoitre l'odeur, la faveur,
& les autres qualitez tactiles defdites Eaux,puis
on les doit cuire ou diftiller, & mettre le marc
à l'épreuve du feu pour en reconnoitre l'odeur,
la faveur, & ce qu'il porte & contient, s'il eft
vray

vray Metal, ou matiere Metallique, ou simple Mineral.

Mais qui ne sçait que le plus souvent en cuisant & distillant, on altere ce qu'on cuit & distille, & qu'aprés la distillation, & coction, on ne trouve plus l'odeur & la saveur, ni les autres qualitez qui étoient au parvant?

Et n'est-il pas vray, que les Eaux Minerales sur tout Metalliques, ne sont d'ordinaire chargées de la substance materielle des mineraux: Mais de leur seule vertu & substance spirituelle, laquelle ne peut estre corporalisée par la seule coction & distillation, ains plûtôt s'évapore & évanouït?

Ces choses posées, venons au fait de questió; Il s'agit d'une Fontaine découverte depuis peu, dans le Terroir de la Ville de Die en Penes, non loin de la Porte Saint-Vincent, au dela Drome, plusieurs en ont beu, & en ont receu des effets merveilleux, & ayant appris de leur bouche, & de plusieurs autres, que ses Eaux n'ont aucun goût desagreable, ni aucun deboire facheux, & qu'elles ne surchargent, ni enflent l'estomach, ni le bas ventre, quoy qu'ils en boivent quantité, ains provoquent promptement le flux d'urine, flux de ventre, ou vomissement, sans excés & sans violance, & sortent du corps beaucoup de vermine, phlegmes gluans, tantôt amers, tantôt salés, & de diverses couleurs; Ie m'y transportay

portay pour la voir & goûter, & trouvay qu'elle n'avoit qu'un goût mol & fad, sans odeur forte, & que d'ailleurs elle estoit claire, transparante, & chaude comme la saison le portoit, & que du Couchant, elle estoit directement tournée vers l'Orient d'Hyver & d'Esté, & exposée presque tout le iour au Soleil, en lieu élevé & nullemét suiet aux ravines, égouts, & ruisseaux.

Puis ayant encor appris à mon retour, qu'elle avoit ouvert à quelques uns les Hemorrhoïdes supprimées depuis plusieurs jours, & provoqué à d'auttes les Mois retenus, soulagé d'auttes de la Colique, de l'oppression de Poitrine, des Fiéures intermittentes inveterées, & de l'Hydropisie formée.

Ie conclus que cette Fontaine estoit Minerale, veu que ces effets surmontoient la force & la vertu des eaux non minerales, & enttay dans l'examen, & la recherche des vertus des Metaux & autres Mineraux, afin de reconnoitre la Mine dans laquelle elle a receu la vertu de produire des effets si extraordinaires.

Par cet examen j'ay appris des anciens Philosophes & Medecins, que tous les Metaux sont composez du Soulfre, & du Mercure, diversément preparez & graduez, à quoy les Docteurs Chymistes ajoutent le Sel, pour troisiéme principe materiel de leur composition, & les plus Celebres & approuvez de ce temps, m'ont enseigné

ſeigné, que le ſel du Plomb eſt alumineux, &
qu'il ne donne preſque point de gout extraor-
dinaire aux Eaux qu'il rend Minerales, la où le
Sel des autres metaux eſt vitriolique, & les rend
acides & aigretes.

I'ay encor appris que le Plomb eſt un metal
tres-vil, compoſé d'un Soulfre cru & indigeſt,
d'un Sel alumineux, & d'un Mercure Antimo-
niel, ou qui eſt de la nature de l'Antimoine.
*Plumbum eſt metallum viliſſimum, conſtans ex Sul-
phure indigeſto, ſale aluminoſo, ac Mercurio na-
turam Antimonialē æmulante.* Dit le docte Schroder au 13. c. du 3. livre de ſa Pharmacopée.

D'où il eſt notoire, que ie ſuis bien fondé á
dire & ſoûtenir que cette nouvelle Fontaine eſt
de celles qu'on appelle plombées, & qui paſſent
par la Mine du Plomb : puis qu'elle n'eſt aucu-
nement acide, & qu'il eſt certain que les Mineraux qui compoſent le Plomb, ont la vertu ſpe-
cifique de produire les effers que les Eaux de
cette Fontaine ont déja produit, & pluſieurs
autres qui n'ont encores paru.

Car le Soulfre que les Grecs ont appellé di-
vin, tout cru, & avant ſa preparation chymique,
il eſt generalement dedié à la poitrine, & à toutes les maladies qui l'affligent, il ouvre & inciſe,
il reſiſte à la pourriture, & au poiſon, comme
auſſi à la morſure des animaux veneneux, il provoque la ſueur, il adoucit & appaiſe les irritatiõs
                      & les

& les mouvemens irreguliers de l'Archée : C'est pourquoy on l'employe contre la Phtisie, contre la toux, contre l'Asthme, contre la peste, & generalement contre toutes les fievres putrides, malignes & pestilentielles. Que s'il est applique en dehors, il resout puissamment la dureté dés tumeurs, il guerit les dartres malignes, la galle, la gratelle, & les démangeaisons. Et les Eaux qui tiennent du Soulphre sont singulieres aux douleurs des iointures, du Foye, de la Ratelle, & de la Matrice. Schroder c. 28. du 3. l. de sa Pharmacopée. Le Fevre en son Traité de la Chymie, pag. 1048. Et Mathiole au 14. c. de ses Commentaires, sur le 5. l. de Dioscoride.

L'Alun de Roche est un remede duquel on ne s'en sert pas beaucoup interieurement sans preparation, quoy qu'il y en ait qui le donnent cô-tre les Fievres ; mais on s'en sert beaucoup dans les gargarismes qu'on employe pour la guerison des maux de la gorge, & principalement dans l'enflure & l'inflamation des Amygdales, & dans la relaxation, l'enflure & l'inflamation de la Luette, il est encor bon contre la Squinancie, contre la pourriture & les ulceres des gencives, tant ceux qui proviennent du venin scorbuti-que, que du venin verolique ; C'est aussi un bon Resolutif, qui ôte l'enflure & la tumeur œde-mateuse des pieds, si on en met dans le bain qu'on appelle un lave-pieds, parce qu'il resout

& qu'il

& qu'il appaife l'ardeur des efprits qui ont été attirez & irritez dans ces parties baffes , ou par la fatigue, ou par la maladie. Et les **Eaux Alu**mineufes font fort aftringentes , parquoy elles renforcét fort un eftomac debile par trop fouvent vomir , font ceffer les flux de la Matrice, empéchent les femmes d'avorter , celles principalement qui font fujettes de faire leurs enfans devant le terme , gueriffent les ulceres de la veffie , les inflamations de la bouche & des gencives , fi on les en lave fouvent , fi on en gargarife, non feulement empéchent les defluxions qui tombent dans la gorge , ains auffi refolvent les humeurs qui y font déja tombées , autant en fait le bain preparé d'icelles : Car il eft tresbon aux parties du corps exterieures ulcerées, fpecialement celles qui font affligées de defluxions, il fert contre le crachement de fang, il referre le fondement fujet à tomber, & reprime la fueur par trop abondante. Schroder c. 24. l. 3. de fa Pharmacop. Le Fevre en fon Traité de la Chymie pag. 986. & Mathiole au lieu fus allegué.

Le Mercure eft une liqueur Minerale ou Metallique, qui eft volatile, qui s'attache avidement aux Metaux, & fur tous les autres à l'Or. Il fe trouve quelque fois tout coulant & pur dans les Mines, mais cela eft rare , parce qu'on le tire ordinairement par la revivification qu'on fait d'une terre minerale, qu'on appelle ordinairement du Cinabre.

Les vertus generales du Mercure, ne se peuvêt bien décrire, à cause qu'elles n'ont pas encor été éprouvées : car on peut dire veritablement que personne ne les a jamais cônuës à fonds : On peut neantmoins dire, que le Mercure est un vray mondificatif interne de toute la masse du sang, & qu'il en chasse tout ce que la depravation des digestions, & tout ce que la mauvaise fermentation y peut avoir mêlé de mauvais, & particulierement, il nettoye du venin verolique, il tuë & chasse les vers, accelere & avance l'accouchement difficile : Mais pour l'exterieur, il guerit toute sorte de galle & de gratelle, tuë & chasse toute sorte de vermine, & resout les duretez & les tumeurs. Si on le pend au col, il preserve de la peste, & il y en a mêmes qui disent, qu'il est capable d'empécher les enchantemens & les sortileges. Enfin on peut dire avec beaucoup de raison, qu'il n'y a rien sous le Soleil, excepté l'Antimoine qui ait tant de vertu, & qui fournisse tant de differens remedes contre les maladies : Car il nous donne le vomitif, le purgatif, le diaphoretique, & le lenitif. Il est appellé Mercure à cause de la correspondance qu'a ce demi Metal avec cet Astre, & qui comme Mercure est un Astre inconstant & changeant, qui est bon avec les bons, & mauvais

avec

avec les mauvais qu'auſſi de même, nôtre Mineral ſe fait tout en tous, chaud avec les chauds,
froid avec les froids, & ainſi des autres. Quelques uns le font preſider aux Poulmons,& d'autres au Ventre inferieur, auſſi bien qu'à celuy
du milieu : Mais ie tiens une opinion plus vni-
verſelle, & dis que ie crois, que le Mercure agit
vniuerſellement ſur tout le corps humain, &
qu'il en chaſſe generalement tous les maux de
quelque nature qu'ils ſoient ; Puis que nous
voyons que les remedes tirez du Mercure, gue-
riſſent la Lepre, & la Verole, qui ſont des maladies de toute la ſubſtance. Le Fevre en ſon
Traité de la Chymie page 829. Schroder c. 15.
l. 3. Pharmac.

De plus, le Plomb eſt un Metal qui eſt appellé
Aurum leproſum Or lepreux, & qui a beaucoup
de ſoulfre, & quoy qu'il ait beaucoup d'imma-
turité & de terreſtreité, ſi eſt ce qu'il a toûjours
en ſoy, quelque portion des deux plus nobles
Metaux, qui ſont mélez indiviſiblement parmy
la matiere chaotique & indigeſte du Plomb, ce
qui luy donne & cómunique beaucoup de vertu.
Le Fevre en ſon Traité Chym. p. 812.

Ceci eſt établi par l'experience, qui nous fait
voir, que le Plomb expoſé au Soleil, par le laps
du temps, & deuëment purifié devient Argent,
& qu'on peut extraire du Plomb, de l'Or pur &
fin, témoin Ionſton, qui en ſon livre de *Mira-*

bilibus Mundi, dit qu'à Rome dans l'Eglise de la Minerve, il y avoit un Epitaphe en ces mots, *Auri ex Plumbo Eductori*. A Celuy qui tiroit l'Or du Plomb.

Le Plomb encor, contient d'ordinaire beaucoup d'Etain, comme verifient tous ceux qui travaillent sur les Mines du Plomb, & en tiret le Metal.

L'Empereur Neron, portoit une placque de Plomb sur sa poitrine, pour fortifier sa voix, au rapport de Pline: Et on applique efficacement une placque de Plomb sur le ventre des enfans, pour les preserver & garentir de la vermine.

J'adjoûte, que comme enseigne le celebre Ambroise Paré en l'onziéme ch. de l'onziéme l. de ses Oeuvres; Le Plomb a une singuliere & certaine familiarité & accointance avec la substance de nos corps, principalement des parties charneuses, ainsi que nous voyons par experience ordinaire, qui nous apprend, que les balles de Plomb demeurent long temps dedans les membres blessez, comme l'espace de sept ou huict ans, sans neantmoins survenir aucun mauvais accident, ni empéchement de consolider la playe, & demeurent là jusques à ce que soyent poussées dehors, par la vertu expultrice: mais si la balle étoit de pierre, de fer, ou d'autre metal, c'est chose asseurée, qu'elle ne pouroit demeurer long temps au corps sans le corroder, &

B 3   amener

amener quant & foy des pernicieux accidents.

De tout ce que deſſus, il reſulte, premiere-ment, que la mine du Plomb contient quantité de Soulfre, quoy que crud & indigeſt, du Sel alumineux, & deMercure, qui approche fort de la nature de l'Antimoine,& quelques portiõs d'Or, d'Argent & d'Etain : Et par ainſi elle eſt riche & abondante autant que toute autre,en remedes ſouverains & efficaces, contre preſque toutes ſortes de maladies, & ſalutaires à toutes les partiesdu corps humain internes& externes.

2. Que les Eaux Minerales, qui paſſent & ſe-iournent dans les Mines du Plomb, y reçoivent des vertus merveilleuſes, & propres à agir uni-verſellement ſur tout le corps humain, ſans of-fenſer aucune de ſes parties, & qui chaſſent de la Poitrine, de l'Eſtomac, du Foye,de la Rate, de la Matrice, des Reins, de la Veſſie,& de tout le bas Ventre, toutes les maladies qui les affli-gent, & qui de ces parties ſont cõmuniquéesau Cerveau, & aux parties externes du corps, & ainſi elles ſont bonnes contre la Phtiſie,la Toux l'Aſthme,les douleurs d'Eſtomac, du Foye, de la Rate, de la Matrice,des Reins, des Boyaux & bas Ventre,contre l'Hydropiſie,& toute ſorte de Fievres, continuës, intermitantes,malignes, & peſtilentieles, contre toute ſorte de vermine & de corruption. En un mot contre toutes les maladies qui peuuent étre gueries par flux de bouche,

bouche, vomissement, flux de ventre, flux d'u-
rine, flux des hemorrhoydes & menstrués, par
sueur & insensible transpiration, veu que ces
Eaux prises interieurement & beuës sans abus,
& selon la precaution & conduite necessaire,
provoque sans excés tous ces flux, & la sueur &
vomissement.

Elles sont encor bonnes contre la galle, gratelle, dartres malignes, & autres ulceres vieux,
malins, veroliques, & autres de quelle nature qu'ils soient, si on les en lave ou baigne,
aprés en avoir beu durant quelques jours.

Elles sont enfin bonnes, contre les douleurs
des bras & jambes, & de toutes les jointures du
corps, & les fortifient, en dissipant les humeurs
qui les affoiblissent, & appaisant l'ardeur des
esprits qui ont été envoyez & attirez en ces parties.

Quelques uns soûtiennent, que puis que la
Ceruse qui procede du Plomb, est une drogue
mortelle & dangereuse, pour prendre par la
bouche, que donc le Plomb ne peut guicres étre
bon pour la santé des personnes; Veu que les
Eaux qui passent par les canaux & conduits faits
de Plomb, outre les Nausées & mal d'Estomac,
engendrét des dyssenteries tres-facheuses, ainsi
que Galien & Acce ont enseigné, & que cela
provient de ce que le Plomb est froid & sec, &
lors que les Eaux ont tiré telles qualitez d'ice-
luy,

luy, il advient que l'eau fe trouve aftringente
par cette communication, & fejourne plus de
temps dans l'Eftomac, qu'il ne feroit neceffaire
& là elle refroidit cette partie, & empéche
la digeftion, en telle forte, qu'aprés ce detra-
quement, le flux de ventre s'en enfuit, & fi-
nalement la Dyffenterie.

A tout cela i'oppofe, que quoy que la Cerufe
tirée du Plomb, foit un poifon moitel, & pro-
duife des accidens tres-facheux, fi on en prend
grande dofe, ils ne peuvent pourtant étre cau-
fez par les Eaux qui fortét des Mines de Plomb,
& qui coulent dans les canaux de Plomb, veu
qu'elles ne peuvét extraire la Cerufe du Plomb;
d'autant que le Plomb n'eft converti en Cerufe,
que par des liqueurs, & menftrues acres, acides,
& violens, tel qu'eft le vinaigre diftilé, ou autre tres-fort; & ces Eaux font fades, moles &
prefque infipides & fans activité. Et il y a de-
quoy s'étouner de ce que Galien & Aece, ont
tenu que le Plomb eft froid & fec, puis qu'il a
beaucoup de Soulfre, & que l'efprit qu'on tire
du Plomb, a une vertu active, fubtile & penetrante, qui chaffe par les fueurs la malignité des
maladies peftilentielles & venimeufes, & eft un
fpecifique contre la Verole, la Manie, la Paraly-
fie, l'Epilepfie & les reftes d'Apoplexie fimple,
cóme enfeignent Schroder au c. 13. du l. 3. de fa
Phar. & le Fevre en fon Traité de la Chy. p. 819.

Partant Ie conclus & pofe, pour certain, que cette nouvelle Fontaine eft veritablemét Minerale, & du nombre de celles qui paffent par la Mine de Plomb, puis qu'elle n'eft point acide & aigrete: mais plùtôt douce, mole & fade, & fans aucun déboire facheux, ni odeur forte, & aiguë, & que les effects qu'elle produit font les effects fpecifiques des mineraux, qui compofent lePlomb,& que fa Mine contiét,cóme appert de ce que deffus i'ay pofé & propofé, apres les plus celebres Docteurs de ce fiecle, & auquels il faut adioûter foy,fi on la doit à aucuns experts&fçavans Medecins, & Chymiftes. Et que ceux qui ont cuit & diftilé de ces Eaux, en ont extrait un fel grifatre, & infipide, tel qu'eft celuy du Plomb, duquel on peut tirer par diftillation du Mercure coulant, & un Efprit qui a une vertu, extremement active, fubtile, & penetrante,qui chaffe par les fueurs la malignité des maladies peftilentielles,&venimeufes,&eft vn fpecifique contre la Verole, Le Fevre en fon Traité de la Chymie page 811. Schroder au 13. c. du 3. l. de fa Pharmacopée.

Il eft donc indubitable que les Eaux de cette Fontaine ont des qualités, & vertus fingulieres, & propres à agir vniverfelemét fur tout le corps humain, fans offencer aucunes de ces parties, & qui en chaffent toutes les maladies qui les affligent, & qui peuvét eftre gueries, par le flux

de bouche

de bouche, le flux d'vrine, du ventre inferieur,
des hemorrhoides, & des menſtruës, par vomiſſement, par ſueur, & tranſpiration inſenſible :
car on a veu par experience, qu'elles provoquét
tous ces flux, le vomiſſement, & la ſueur, &
des friſſons intercutanées, vrayes marques de la
tranſpiration inſenſible.

Et ſi elles n'ont operé en tous, tous ces effets
également, c'eſt d'autant que tous les corps
ſont differens en leurs temperamens, & ne ſont
en mêmes diſpoſitions : & la Medecine, & la
Philoſophie nous enſeignent que, *actiones acti-
vorum ſunt in ſubiecto diſpoſito*, c'eſt à dire, que
les actions des agents naturels, n'operent efficacement, que ſur les corps & ſuiets bien diſ-
poſez, & preparez,

Et de ce que nous auons ouï, & vû juſques
à preſent, aucun ne peut dire que ces Eaux ſoiét
malfaiſantes, ains il conſte qu'elles ſont.

Premierement : Cephaliques, veu qu'elles
purgent le cerveau, & diſſipent les vapeurs éle-
vées des parties baſſes, & qui produiſent des
vertiges, & des accidens Epileptiques, & mouvemens convulſifs, & appaiſent les douleurs de
teſte inveterées, & autres.

II. Ophtalmiques, veu qu'elles temperent les
inflammations des yeux, & les deſchargent des
humeurs qui les troublent, & les rendét chaſſi-
eux, & larmoyans, & les empeſchent de voir.

III . Pectorales , veu qu'elles soulagent ceux qui ont la poitrine oppreſſée , & ſont ſuiets à la toux, & difficulté de reſpirer,& ainſi ſont bónes contre l'Aſthme , la Phtiſie , & autres incommoditez des poulmons.

IV. Eſtomacales , veu qu'elles provoquent le vomiſſement , & déchargent l'eſtomac des Phlegmes , & autres humeurs qui l'incommodent , & donnent l'appetit à ceux qui n'en ont point, & appaiſent les douleurs qui leur surviennent.

V . Epatiques, veu qu'elles appaiſent les douleurs du foye , le temperent, & deſopilent, & le déchargent des humeurs qui alterent ſon temperament naturel , & l'enflamment.

VI. Splenetiques , veu qu'elles appaiſent les douleurs de la Rate, la deſopilent & deſenflent, & la vuident par l'ouverture des hemorrhoïdes & autrement,& la mettent en bon eſtat.

VII. Nephretiques, veu qu'elles appaiſent les douleurs des Reins , les ouvrent, & en ſortent les phlegmes, qui bien ſouvent s'y changent en gravier & pierre , ou en flatuoſités tres fâcheuſes.

VIII, Hyſteriques, veu qu'elles appaiſent les douleurs de la Matrice , la contiennent en ſon lieu naturel, la relevant lors qu'elle eſt cheute, & l'abbaiſſant quand elle eſt trop élevée ,& la vuidét des impuretés qui l'irritent & dêtraquét,

&

& provoqent les Méſtruës ſupprimées avant le temps, & non avenuës encor.

IX.   Diureques, veu qu'elles provoquent le flux d'urine, & dilatent les ureteres, & appaiſent les douleurs de la veſſie & des ureteres, & en corrigent l'ardeur & l'inflammation.

X.   Hypogaſtriques, & Epigaſtriques, veu qu'elles déchargent tout le bas ventre, provoquant le flux de ventre, & vuident l'Abdomen des ſeroſitez, & flatuoſitez qui cauſent l'Hydropiſie, & appaiſent les douleurs qui ſurvienent à tout le bas ventre, & ainſi ſoulagent ceux qui ſont ſujets à la Colique, de quelle nature qu'elle ſoit.

XI.   Emetiques, veu qu'elles provoquent le vomiſſement, & flux de bouche.

XII.   Diaphoretiques, veu qu'elles provoquent la ſueur, & l'inſenſible tranſpiration.

XIII.   Febrifugues, veu qu'elles ſont ſouveraines contre toutes les Fievres putrides, continuës & intermitentes, mêmes malignes & veneneuſes.

XIV.   Vermifugues, veu qu'elles chaſſet de l'Eſtomac, & des boyaux, toute ſorte de vermine.

XV.   Arthritiques, veu qu'elles appaiſent les douleurs des Bras, des Iambes & de toutes les jointures du corps, en diſſipant les humeurs, & tumeurs qui les occupent, & temperant l'ardeur des eſprits qui y ſont attirez par le travail, ou par maladie ; & ainſi donnent le marcher, & le mouvement libre aux perclus, & preſque Paralytiques, & redreſſent les courbez & tortus, & ſont ſalutaires aux Gouteux.

XVI. Lithontriptiques, veu qu'elles pouſſent hors des Reins, des Vreteres & de la Veſſie, le Gravier & ſable qui ſe trouve formé & arrété dans iceux.

XVII. Alexitaires, veu qu'elles preſervent le Cœur contre la malignité & le venin des Fievres malignes, & des maladies veneneuſes, quelles ſont la Rougeole & le Senepon &c. le faiſant exhaler & ſortir hors du corps.

XVIII. Deterſives & Mondificatives, veu qu'elles netoient toutes les parties externes du corps de la Galle, Gratelle, Dartres Veruës, Vlceres recents & vieux, putrides & malins, de quelle nature qu'ils ſoient, ſi on lave les parties galeuſes ou ulcerées, pluſieurs fois le iour, aprés en avoir beu, & les beuvât durant quelques iours.

A tout cela rendent témoignage entre les Habitans de la Ville de Die, les Ieunes & Vieux, Grands & Petits de l'un & l'autre Sexe, en la perſonne deſquels, ont paru tous ces effets, non ſans étonnement : Et les Certificats que Monſ. Terraſſon tres-ſçavant Medecin en a exigé & receu. Mais garde l'abus, & le dereglement : car les meilleures choſes ſont les plus dangereuſes & malfaiſantes, lors qu'on en abuſe, & qu'on

qu'on ne s'en fert au befoin avec moderation &
prudence : ce qui eft generalement vray en toutes chofes, mais plus particulierement en l'ufa-
ge des medicamens & remedes Mineraux.

l'Adjoute, ce qui n'eft encor éprouvé, fçavoir,
que des Eaux de cette Fontaine, on en peut
preparer des Bains domeftiques, qui approche-
ront fort de la vertu des Bains plombez de Lorraine, defquels fait mention le tres-fçavant
VVecker en la troifiéme Section, du premier
livre de fon Trefor particulier des prefervatifs
en ces mots. *On trouve certains Bains dans les
montaignes de Lorraine, qu'on appelle plombez, à-
caufe de la grande quantité de Plomb qui eft dans les
canaux de la terre, par où ils paffent. Ils font mêlez
de Plomb, de Soulfre, & d'Alum. Ils font propres
aux Vlceres malins, & difficiles à guerir, au Chan-
cre, Ladrerie qui commance à naître, & à tous les
vices du cuir. Ils arrêtent auffi les defluxions du Cerveau, gueriffent les Membres rompus, meurtris, &
Paralytiques, & les maladies froides & humides de
la Matrice, les maladies des Reins, & de la Veffie,
le flux Menftrual blanc, la Sterilité, les Hemorrhoïdes fupprimées, & toutes autres maladies procedan-
tes d'humidité.*

Le fondement de cette Addition, eft tout ce
que j'ay cy deffus établi, & l'experience, qui
nous a fait voir un homme nettoyé, & parfai-
tement gueri, d'une galle univerfelle, ulcereufe,

& puſtuleuſe, qui le rendoit inſuportable, &
ſuſpect de Ladrerie, pour s'étre lavé durant
quelques iours, des Eaux de cette Fontaine,
ſur le lieu où elle ſort, & ce ſans ordre, & ſans
ordonnance d'aucun Medecin, ni Apothicaire,
ni Chirurgien : mais à l'etourdi, de ſon propre
mouvement, & conduit plûtôt par le chagrin &
deſeſpoir, que par raiſon & prudence ; veu qu'a-
prés s'étre entieremēt lavé tout le corps à froid,
il trempoit ſa chemiſe dans ladite Fontaine, &
la revétoit toute mouïllée & froide. Que ne doit
on attendre d'un Bain bien preparé, & pris à
propos, & avec la conduite & circonſpection
neceſſaire ? Dieu ſoit benit d'un ſi ſingulier Be-
nefice. Ainſi ſoit-il.

F I N.